평범한 사람이 세상을 바꾼다 8
나는 마리 퀴리야!

펴낸날 초판 1쇄 2021년 12월 10일
지은이 브래드 멜처 | **그린이** 크리스토퍼 엘리오풀로스 | **옮긴이** 마술연필 | **펴낸이** 신형건 | **펴낸곳** (주)푸른책들 · **임프린트** 보물창고 | **등록** 제321-2008-00155호
주소 서울특별시 서초구 양재천로7길 16 푸르니빌딩 (우)06754 | **전화** 02-581-0334~5 | **팩스** 02-582-0648
이메일 prooni@prooni.com | **홈페이지** www.prooni.com | **인스타그램** @proonibook | **블로그** blog.naver.com/proonibook
ISBN 978-89-6170-841-8 77990

ORDINARY PEOPLE CHANGE THE WORLD: I AM MARIE CURIE by Brad Meltzer, illustrated by Christopher Eliopoulos
Text copyright © 2019 by Forty-four Steps, Inc.
Illustrations copyright © 2019 by Christopher Eliopoulos
All rights reserved.
This Korean edition was published by Prooni Books, Inc. in 2021 by arrangement with Fourty-Four Steps, Inc., Christopher Eliopoulos c/o Writers House LLC through KCC(Korea Copyright Center Inc.), Seoul.
이 책은 (주)한국저작권센터(KCC)를 통한 저작권자와의 독점계약으로 (주)푸른책들에서 출간되었습니다.
저작권법에 의해 한국 내에서 보호를 받는 저작물이므로 무단전재와 복제를 금합니다.

＊잘못된 책은 구입한 곳에서 바꾸어 드립니다.
＊이 책 내용의 일부 또는 전부를 재사용하려면 반드시 저작권자와 (주)푸른책들 양측의 서면 동의를 얻어야 합니다.

＊보물창고는 (주)푸른책들의 유아 · 어린이 · 청소년 도서 전문 임프린트입니다.

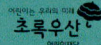
(주)푸른책들은 도서 판매 수익금의 일부를 초록우산 어린이재단에 기부하여
어린이들을 위한 사랑 나눔에 동참합니다.

평범한 사람이 세상을 바꾼다

나는 마리 퀴리야!

브래드 멜처 글 | 엘리오풀로스 그림 | 마술연필 옮김

보물창고

폴란드에서 내가 네 살이었을 때, 가장 좋아하던 보물 중 하나는 바로 과학 도구들로 가득한 아빠의 유리 캐비닛이었지.
물건마다 궁금해서 난 말끄러미 쳐다보곤 했어.

나는 그 말들이 무슨 뜻인지 몰랐어.
하지만 난 그것들을 결코 잊지 못할 거야.

아빠는 과학 교사였기에 이 도구들이 필요했단다. 하지만 러시아 정부는 곧 우리 학교의 실험실 수업을 중단했어.
그들은 폴란드 아이들이 과학을 배우는 것을 원하지 않았거든.
그들은 교육이 우리를 강하게 만들 것이라고 생각했어.

그들이 옳았어.

나는 배우는 것을 잘했단다.
어느 날, 언니가 읽으려고 안간힘 쓰고 있을 때, 나는 언니의 책을 집어 들고는 첫 문장을 술술 읽었어.
모두의 표정을 보니, 내가 실수를 한 모양이었어.

처음부터 나를 항상 믿어 주던 오직 한 사람이 있었는데, 바로 우리 아빠야.
엄마가 아팠을 때, 아빠는 어린 우리 남매들을 돌봐 주셨어.
아빠는 교사였기 때문에, 그저 함께 산책하는 동안에도 우리에게 새로운 과학적 가르침을 주시곤 했단다.

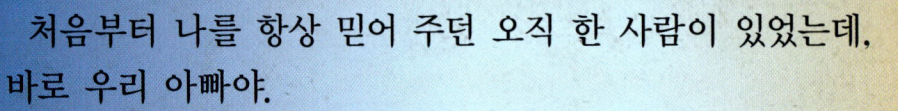

마냐, 저기 해 지는 것 보이지? 마치 해가 움직이는 것처럼 보이지만, 실은 지구가 돌고 있는 것이란다.

마냐는 내 별명이야.

그 당시엔 전화와 텔레비전과 컴퓨터가 없었어.
그래서 토요일 밤에 우리는 가장 강렬한 것들 중 하나를 아빠와 함께 나누며 보냈단다. 그건 바로 책이야.
아빠는 『데이비드 코퍼필드』나 내가 가장 좋아하는 『두 도시 이야기』 같은 고전들을 읽어 주셨지.

"지혜의 시대였고, 어리석음의 시대였다…"

춤을 추었어.

> 어느 날 밤 내가 얼마나 오래 춤을 추었던지, 내 신발이 다 떨어지고 말았지.

나는 열다섯 살에 일찍
고등학교를 졸업했어.
　우리 반에서 1등을 해서
금메달을 땄지.

　열여섯 살 때, 난 내가 이 세상에 영향을 끼치고
싶어 한다는 걸 알았단다.
　난 그 방법을 알고 있기도 했어.

단 한 가지 문제가 있었지.

결국, 언니 브로냐와 나는 계획을 세웠어.
우리는 세계에서 가장 유명한 대학들 중 하나인 프랑스 소르본 대학에 가기에 충분한 돈을 모으기로 했지.
하지만 우리 둘 다 가기엔 돈이 충분하지 않았단다.

매일 나는 과학자가 되기로 굳게 결심했어.
나는 아침 여섯 시에 일어나 세 가지 언어로 된 물리학과 해부학 책을 읽곤 했지.
그리고 나서 아빠가 내게 풀라고 보낸 수학 문제를 풀곤 했어.

또한 모든 것 중에서 가장 가치 있는 교훈 중 하나를 배웠지. 모든 것을 있는 그대로 받아들여선 안 된다는 거야. 과학처럼 삶은 언제나 더 나아질 수 있거든.

내가 말했듯이, 변화를 만드는 것은 쉽지 않았어. 내 방에 도착하려면 여섯 개의 층계를 올라야만 했지.

방엔 작은 난로가 있었고, 먹을 건 별로 없었어.
겨울엔 너무 추워서 대야의 물이 얼곤 했지.
옷들까지 다 덮고 자야만 했단다.

소르본의 과학 대학에는 2,000명의 학생이 있었어.
그중 23명만이 여성이었어.

그리고 우리 둘만이
과학을 공부하고 있었지.

나는 첫 시험 때 너무 긴장해서 거의 읽을 수가 없었어.
그런데 교수님이 성적을 발표했을 때…

1893년, 나는 물리학 학위를 받았어.
1년 뒤, 두 번째로 수학 학위도 받았어.

얼마 후, 나는 당연히 과학자와 결혼했단다.

이 사람이 나의 남편 피에르야.

우리가 딸을 낳자 사람들은 내가 실험실에 덜 있게 될 거라고 생각했지.

하지만 피에르는 우리가 동등한 파트너가 되도록 열심히 노력했어.

우리 아빠도 아기를 돌보며 도와주셨어.

그 당시, 사람들은 남자는 직업을 갖고, 여자는 집에 있어야 한다고 생각했지.
다시 한번, 나는 나만의 아이디어가 있었어.
내가 해야 할 일은 내가 사랑하는 것을 쫓는 것뿐이라고.

남편은 내 연구가 매우 흥미롭다고 여기고, 나와 함께하기 위해 자기 일은 제쳐 두었단다.
우리는 함께 폴로늄과 라듐이라는 두 가지 새 원소를 발견했어.

내 연구를 바탕으로 한 아이디어들은 세계가 원자와

결국, 나는 소르본 대학의 첫 여성 교수가 되었지.
그리고 나서, 내 실험실은 라듐 연구와 방사능 측정 분야에서 세계 최고의 장소가 되었단다.

우리 실험실엔 22명의 직원과 더불어, 자원봉사를 하는 20명의 여성 과학자들이 있었단다.

거기서, 나는 이번엔 화학 분야에서 두 번째 노벨상을 혼자 받았어.
나는 최초로 두 분야에서 노벨상을 받은 사람이었단다.

그리고, 나는 제1차 세계 대전 중 군인들을 치료하는 것을 돕기 위해, 이동식 엑스레이 장치를 발명했어.

그녀는 영감을 주는 사람이야.

내 딸 이렌이야. 얘 또한 과학자가 되길 원했지.

나와 함께 다니곤 했어.

미국에서 나는 백악관에 초대받았는데, 하딩 대통령은 나에게 1그램의 라듐을 자물쇠가 채워진 상자에 담아 선물했어.

그것은 10만 달러가 넘는 가치가 있었지. 내가 획기적인 일을 계속할 수 있도록 돈을 모은 미국 여성들로부터 받은 선물이었어.

엄마는 내게 영감을 줘.

대단한 영감을 주는 분이세요.

내가 사는 동안, 남자아이들만 교육받을 수 있고, 남학생들만 과학을 공부해야 하고, 남자들만 상을 받을 수 있다는 말을 숱하게 들었지.
　내겐 다른 아이디어가 있었어.

누구에게든 네가 성취할 수 있는 것을 제한하면 안 돼.
군중을 따라다니며 이전에 누군가 했던 일을 하는 것은 쉽지.
하지만 너 자신만의 길을 가기 위해선 대담해야 해.
실패를 감수해야 해.
그렇게 배우는 거야.
교육은 마법의 열쇠와 같단다.
그것은 지식을 풀어놓지.

그리고
그 지식으로…

과학은 나에게 질문하고,
실험하고,
실패하고,
다시 시도하고,
그리고 좀 더 시도하라고 가르쳐 주었지.
너도 네가 기대하는 답을 늘 찾을 수는 없겠지만, 괜찮아.
새로운 정보, 새로운 질문, 새로운 가능성을 발견하게 될 테니까.

엘리자베스 블랙번
분자생물학자

샐리 라이드
우주비행사

메이 제미슨
우주비행사

그레이스 호퍼
컴퓨터 과학자

도로시 호지킨
화학자

"인생에서 두려워할 것은 아무것도 없다.
단지 이해해야 할 뿐이다."
—마리 퀴리

일대기

1867년 11월 7일	1891년	1895년 7월 26일	1898년 7월 18일	1898년 7월 26일
폴란드 바르샤바에서 마리아 스크워도프스카로 태어나다	소르본 대학에 마리라는 이름으로 입학 등록하다	피에르 퀴리와 결혼하다	방사능이라는 용어를 생각해 내고, 폴로늄의 발견을 발표하다	라듐의 발견을 발표하다

피에르와 마리

어린 시절의 마리(가운데)와 형제자매들,
(왼쪽부터) 소시아, 헬라, 조제프, 브로냐

소르본 대학에서 강의하는 마리

실험실의 마리

1903년 12월	1906년 11월 5일	1911년	1934년 7월 4일	1995년
노벨 물리학상을 수상하다	여성 최초로 소르본 대학의 교수가 되다	노벨 화학상을 수상하다	방사선에 장기간 노출되어, 프랑스에서 사망하다	프랑스 판테온 국립묘지로 유골이 이장되다

그래픽 위인전 〈평범한 사람이 세상을 바꾼다〉 시리즈는 아주 평범한 사람이었지만 마침내 모두의 영웅이 된 인물들의 일생을 담은 책으로, 어린이들이 '나도 할 수 있다!'는 소중한 꿈을 품도록 해 줍니다.

❶ 나는 헬렌 켈러야!

헬렌 켈러는 어렸을 때 병을 앓는 바람에 시력과 청력을 모두 잃고 말았어요. 하지만 포기하지 않고 앤 설리번 선생님의 도움을 받아 사람들과 소통하는 법을 배웠답니다. 헬렌은 시각 청각 장애인 최초로 대학을 졸업했고, 장애인을 비롯해 부당한 일을 겪는 사람들을 돕는 사회 운동가가 되었어요.

❷ 나는 제인 구달이야!

제인 구달은 어렸을 때부터 동물을 좋아했어요. 그 당시 사람들은 여자는 과학자가 될 수 없다고 생각했지만, 제인은 용감하게 아프리카로 가서 야생 침팬지를 연구했어요. 그 결과, 동물에 대한 사람들의 생각을 완전히 바꿔 놓았지요. 제인은 세계에서 제일 중요한 과학자이자 환경 운동가랍니다.

❸ 나는 마틴 루서 킹이야!

평범하고 장난기 많은 아이였던 마틴 루서 킹은 흑인에 대한 차별로 마음에 큰 상처를 받았어요. 하지만 좌절하지 않고 인종 차별에 맞서 평화적으로 싸우기로 마음먹었답니다. 마틴은 자신이 가진 '힘 있는 말'로 사람들의 마음을 사로잡아 평화적인 시위를 이끌었고, 마침내 세상을 바꿔 놓았지요.

❹ 나는 아인슈타인이야!

아인슈타인은 태어났을 때부터 머리가 너무 컸고, 말을 잘 못해 놀림을 당했으며, 성적도 별로 뛰어나지 않았어요. 하지만 아인슈타인은 세상을 보는 자기만의 방식이 있었지요. 호기심이야말로 아인슈타인이 마침내 우주의 비밀을 풀고, 20세기 세계 최고의 과학자가 된 비결이랍니다.

❺ 나는 로자 파크스야!

로자 파크스는 그저 평범한 재봉사였어요. 로자는 어렸을 때부터 몸집도 작고 자주 아팠지만, 부당한 일에 당당히 맞서는 용기가 있었지요. 흑인 로자가 버스에서 백인에게 자리 양보하는 걸 거부했을 때, 이는 자신의 신념을 지키기 위한 작은 행동이었지만 세상에 엄청난 변화를 불러왔지요.

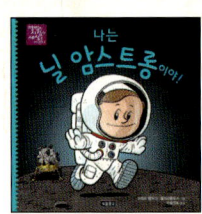

❻ 나는 닐 암스트롱이야!

겁이 많던 아이는 큰 나무에 오르다 그만 떨어지고 말았어요. 하지만 목표를 향해 한 발 한 발 내딛는 방법을 배우게 되었지요. 그리고 숱한 좌절을 겪으면서도 계속 도전하여, 마침내 인류 최초로 달을 밟았어요. 수십 년이 지난 지금까지도 모두 기억하는 그 위대한 이름은 바로 '닐 암스트롱'입니다.

❼ 나는 간디야!

간디는 스스로를 작고 깡마르며, 볼품없고 수줍음 많은 사람이었다고 말했어요. 하지만 결코 약한 사람은 아니었지요. 간디는 온갖 차별과 핍박 속에서도 평생 동안 침착하고 꾸준하게 비폭력 저항 운동을 펼쳤어요. 그리하여 인도를 위해 모든 것을 바꾸고, 전 세계 시민권 운동에 큰 영향을 주었지요.

❽ 나는 마리 퀴리야!

최초로 노벨상을 받은 여성, 최초로 두 분야에서 노벨상을 받은 과학자! 그 업적만으로도 사람들을 깜짝 놀라게 하는 마리 퀴리는 "내가 해야 할 일은 내가 사랑하는 것을 쫓는 것"뿐이라고 말합니다. 마리 퀴리가 남긴 방사선 연구 결과는 오늘날 암을 치료하는 데 중요한 역할을 하고 있지요.

❾ 나는 안네 프랑크야!

제2차 세계 대전 중 나치의 박해를 피해 숨어 지내는 동안, 자신의 삶을 솔직하게 일기로 기록한 유대인 소녀 안네 프랑크. 전쟁과 죽음의 두려움 속에서도 용기와 희망을 잃지 않고 꿈과 자유를 갈망했던 안네의 모습과 진솔한 고백은 오늘날에도 전 세계 사람들에게 깊은 감동을 줍니다.

❿ 나는 다빈치야!

르네상스 시대의 예술가이자 발명가인 다빈치는 어디에 이끌리든 항상 자신의 관심사를 따랐지요. 비행에 대한 탐구로 다빈치는 새의 날개를 연구하였고, 그의 발명 디자인은 헬리콥터와 비행 기계에 대한 최초의 스케치가 되었지요. 최고의 명화 '모나리자'와 더불어 그는 영원히 기억될 것입니다.

브래드 멜처
〈뉴욕 타임스〉 베스트셀러 작가인 브래드 멜처는 아빠로서 자신의 딸과 아들의 영웅이기도 합니다. 위인전 시리즈 〈평범한 사람이 세상을 바꾼다〉를 썼으며, 어른을 위한 소설도 많이 썼지요. 그뿐만 아니라, 텔레비전 역사 채널에서 여러 프로그램의 사회자로도 활동하고 있습니다. (참, 알고 있었나요? 이 위인전 시리즈에는 책마다 그림 속에 작가 브래드 멜처가 숨어 있다는 사실 말이죠.)

크리스토퍼 엘리오풀로스
마블 코믹스에서 그림을 그리기 시작한 엘리오풀로스는 수천 권의 만화책을 만드는 데 참여했습니다. 그리고 만화계에서 매우 권위 있는 '하비 상'을 받기도 했어요. 위인전 시리즈 〈평범한 사람이 세상을 바꾼다〉를 비롯하여 많은 어린이 책을 직접 쓰고 그렸습니다.

마술연필
어린이와 청소년을 위해 유익하고 감동적인 글을 쓰고 책을 펴내는 아동청소년문학 기획팀입니다. 호기심과 상상력이 풍부한 아동청소년문학 작가·번역가·편집자가 한데 모여, 지혜와 지식이 가득한 보물창고를 만들기 위해 애쓰고 있습니다. 다양한 책들을 꾸준히 펴내고 있으며, 그중 『우리 조상들은 얼마나 책을 좋아했을까?』는 초등학교 〈국어〉 교과서에, 『1학년 전래동화』는 교사용 지도서에 각각 실렸습니다. 지은 책으로 『어린이와 청소년을 위한 독도 백과사전』『우리 땅의 생명이 들려주는 이야기』, 엮은 책으로 『1학년 이솝우화』『어린이와 청소년을 위한 우리 옛시조』, 옮긴 책으로 『재미있는 내 얼굴』『화가 날 땐 어떡하지?』『달 케이크』 등이 있습니다.